正方形おり紙でよく飛ぶ20機

超かんたん!
ザ・10回折り
おり紙ヒコーキ

戸田拓夫

折り紙ヒコーキ協会会長
滞空飛行時間世界記録保持者

いかだ社

もくじ

**20機すべて
正方形のおり紙で作ります。**

**★の数が多いほど
難しくなるよ**

距離型
★

やりヒコーキ 10

距離型のもっとも基本的でシンプルなヒコーキ。
気もちよくまっすぐ飛ぶので昔から大人気です。

距離型
★★

スターエース 12

やりヒコーキの上側に垂直尾翼をつけて、より
本物のヒコーキに近い形にしてみました。

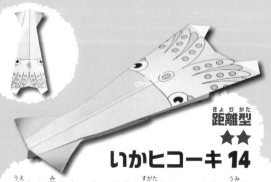

距離型
★★

いかヒコーキ 14

上から見るといかのような姿をしています。海を
泳ぐときのように、空中をスイーッと飛びます。

距離型
★★

かみきりヒコーキ 16

いかヒコーキの先端部分の折りを少し変えると、
かみきり虫になりました。

2

距離型
★★★
くわがたヒコーキ 18

かみきりの先端をちがう折り方にしてみると……
あらら、こんどはくわがたに変身しました!

距離型
★★★★★
ヘラクレス 20

世界最大のかぶと虫に姿が似ているので、名前
をヘラクレスにしました。

滞空型
★★
へそヒコーキ 22

ふしぎな名前ですが、おり紙ヒコーキの大定番。
滞空型でもっとも折りやすく飛ぶタイプです。

滞空型
★★★
ベーシッカー 24

四角い翼がめずらしいでしょう? でも安定して
とてもよく飛ぶんですよ。

滞空型
★★★
ワンダー 26

宇宙船のような形をした、へそヒコーキ変形
型。なぞの飛行物体をイメージして名づけました。

滞空型
★★★
こがねむし 28

平べったい形がこがねむしに似ています。正方
形の紙を斜めに折って作ります。

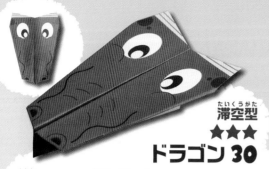

★★★

ドラゴン 30

形がなんとなく龍の顔に似ていませんか？
空を登っていく龍のように飛ばしてみましょう。

★★★★

ムササビ 32

高く投げても、遠くに投げてもいいタイプです。
ムササビみたいにスーッと飛んでくれるかな。

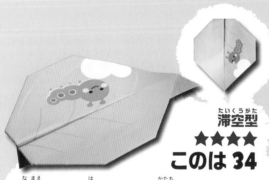

★★★★

このは 34

名前のとおり葉っぱのような形をしています。
木の葉のようにじょうずに空気に乗せましょう。

★★★★★

ビート 36

へそヒコーキに耳がついたようで、よく見ると、
いろんな形に見えてきて塗り絵も楽しそうです。

★★★★★

すいぎゅう 38

水牛のように頭に角が生えたヒコーキ。角を耳と
とらえれば、ほかの動物の顔も浮かんできます。

★★

かみコプター 40

紙のヘリコプター。高いところから手を離すときれいに回ります。模様をつけてもいいですね。

4

デザイン型
★★★★
りったいカメむし 42

大きく口をあけたような顔がおもしろい、ユニークなヒコーキ。絵の面を下にして飛びます。

デザイン型
★★★★
つばめ 44

形が羽を広げたつばめの姿にそっくりです。うまく風に乗せればつばめのように飛んでいきます。

デザイン型
★★★★★
ダブルウイング 46

2段の翼が、どこから見てもかっこいいヒコーキ。少し難しいけれどチャレンジしてみましょう。

距離型
★★★★★
スペースファイター 49

コックピットがついて、本物のジェット機みたい。これもチャレンジしがいのあるヒコーキです。

このQRコードを読み取ると、もくじで紹介されているヒコーキの型紙がダウンロードできるサイトにアクセスできます。A4サイズで出力し、おり紙サイズ（15cm×15cm）に切ってお使い下さい。

はじめに

　紙が１枚あれば誰でもどこでも作ってあそべるのがおり紙ヒコーキです。そのおり紙ヒコーキの初歩をやさしく解説したのがこの本です。小さなお子さまでも折り図にそってほぼ10回以下の折りで作り上げることのできる機種を選定しました。室内でも飛ばして楽しめます。親子で、作って飛ばしてみてください。

　自分が作ったものがふわりと生きもののように飛ぶことに、必ずや歓声をあげるにちがいありません。うまく飛ばないときは「よく飛ぶヒコーキとのちがいはなんだろう?」「もっと長く、遠くに飛ばすにはどうしたらよいのだろう」と考えます。どんなあそびにもコツというものがあります。飛ばない紙ヒコーキも、ほんの少しのコツをつかめば、すぐに飛ぶようになります。それは科学に興味をもつ第一歩になるかもしれません。

　世界中にさまざまなあそびがある中で、唯一どこの国にもあるあそびがおり紙ヒコーキです。かんたんなあそびですが奥が深いあそびです。とりこになって部屋中が紙ヒコーキでいっぱいになるかもしれません。

　紙ヒコーキには滞空競技と距離競技があり、そのギネス記録はすべており紙でないと認められません。この本はその滞空競技ギネス記録保持者と距離競技日本記録保持者によってつくられました。この本がおり紙ヒコーキの入門編としてお役にたてるなら喜ばしい限りです。

戸田拓夫

おりめのつけかた

ヒコーキを　おるまえに　おりめの　つけかたを
おぼえよう。しっかりと　おりめを　つけながら
おるのが　ポイントだよ！

1 ひだりしたを　つまみあげ
ひだりうえの　かどに
もっていく

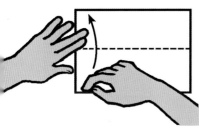

2 ひだりうえを　あわせたら
みぎては　そのままで
ひだりてを　ぬく

3 ひだりてで　かみの
ひだりしたを　そっと
おさえる

4 ひだりての　ゆびさきで
ひだりしたを　つよく
おさえたまま　みぎてを
はなす

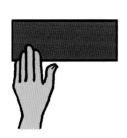

5 みぎうえを　つまみ
やじるしの　ほうへ
ひっぱるように　して
かみの　はしを　あわせる

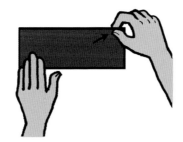

6 こゆびを　じくに　して
ほかの　ゆびを　ひらきな
がら　ひだりしたに
おりめを　つける

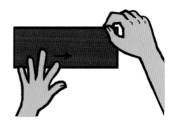

つぎのページへつづく

7

7 ひだりての　ゆびさきで
かみを　つよく　おさえた
まま　みぎてを　はなす

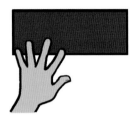

8 みぎてで　みぎしたを
そっと　おさえ　かるく
おりめを　つける

9 みぎての　おやゆびの
はらで　つよく　おりめを
つける

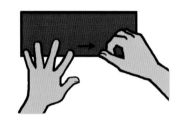

10 みぎての　ゆびさきで　おりめを　つけた
ところを　しっかりと　おさえ　ひだり
したも　ひだりての　おやゆびの　はらで
つよく　おりめを　つける

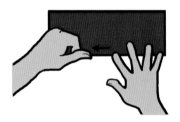

なかわりおり

すこし　とくしゅな　おりかたが　あるよ。
しっかりと　おぼえよう！

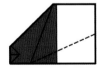

おりめを　つける　　もどす

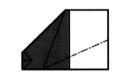

つけた　おりめを　やまおりに　して
すきまを　ひろげて　かみを　うち
がわに　おしこむ

おりめを　ただす

8

おりずのきごう

このほんで つかわれている だいじな きごうだよ。

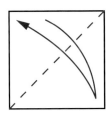 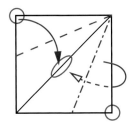 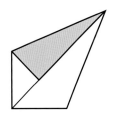

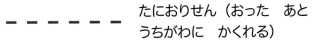 たにおりせん（おった あと うちがわに かくれる）

 もくひょうと なる てん

おもてがわに おる

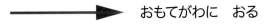 やまおりせん（おった あと そとがわに でる）

 もくひょうと なる せん

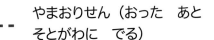 うらがわに おる

 かど（とくに ひつような ときに しめす）

 おって もどす（おりせんを つける）

いちど おって できた せん

 おなじ はばを しめす

 ふくろを ひらいたり おる ときの いち

 ぜんたいを うらがえす

いよいよ ヒコーキを おるよ！

9

★
やりヒコーキ

古（ふる）くから伝（つた）わる折（お）り紙（がみ）ヒコーキです。もっと
も基本的（きほんてき）な形（かたち）で折（お）り方（かた）もかんたん。遠（とお）くま
で飛（と）びます。

1　はんぶんに　おって
もどす

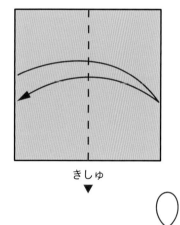

きしゅ
▼

2　まんなかの　せんに
あわせて　おる

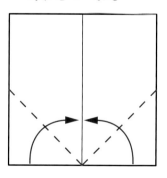

うらがえす

3　まんなかの　せんに
あわせて　おる

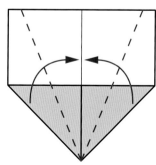

●飛（と）ばしかた●
水平（すいへい）よりほんの少（すこ）し上（うえ）に、まっ
すぐ押（お）し出（だ）すように投（な）げる。
55 ページの C

- - - たにおり　　→ おもてにおる　　- - - - やまおり　　- ▶ うらにおる　　 おってもどす　　 うらがえす

10

4 ○を　あわせて　おって　もどす

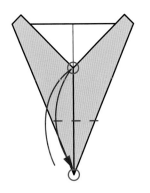

5 ○を　あわせて　おる

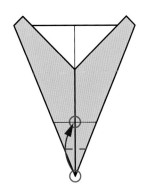

6 うらがわに　はんぶんに　おる

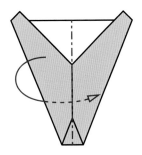

7 ○を　あわせて　1まいだけ　おる
うらがえして　おなじように　おる

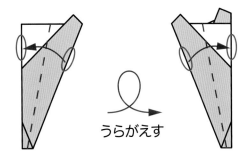

うらがえす

8 3めんずの　かたちに　して
できあがり

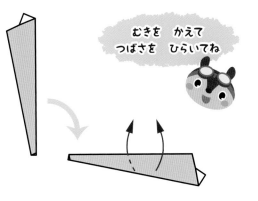

むきを　かえて
つばさを　ひらいてね

3めんず

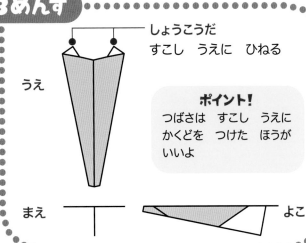

しょうこうだ
すこし　うえに　ひねる

うえ

ポイント！
つばさは　すこし　うえに
かくどを　つけた　ほうが
いいよ

まえ　　　　　　　　　よこ

スターエース

やりヒコーキにひと折り追加して、本物の
ヒコーキのように垂直尾翼を上側につけま
した。ほかのヒコーキでも応用できます。

1 はんぶんに　おって
　　もどす

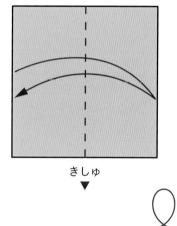

きしゅ
▼

うらがえす

2 まんなかの　せんに
　　あわせて　おる

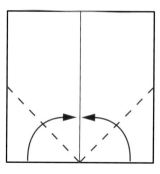

●飛ばしかた●
水平よりほんの少し上に、まっ
すぐ押し出すように投げる。
55 ページの C

3 まんなかの　せんに
　　あわせて　おる

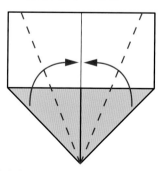

- - - - たにおり　　──▶ おもてにおる　　-・-・-・- やまおり　　- - ▶ うらにおる　　 おってもどす　　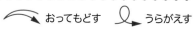 うらがえす

12

4 ○を　あわせて　おって　もどす

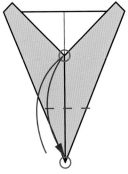

5 ○を　あわせて　おる

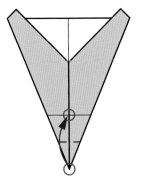

6 うらがわに　はんぶんに　おる

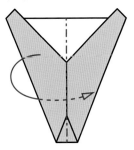

7 ○を　あわせて　1まいだけ　おって　もどす　うらがえして　おなじように　おって　もどす

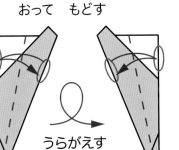

うらがえす

8 ○の　いちで　おって　もどす

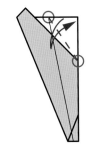

9 8で　おった　せんで　なかわりおりに　する

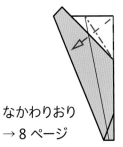

なかわりおり
→ 8 ページ

10 7で　おった　せんで　おり　3めんずの　かたちに　して　できあがり

むきを　かえて　つばさを　ひらいてね

3めんず

しょうこうだ
すこし　うえに　ひねる

うえ

まえ

よこ

ポイント！
つばさは　すこし　うえに　かくどを　つけた　ほうが　いいよ

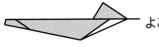

13

★★
いかヒコーキ

いかのような形が特徴の、古くから伝わる
おり紙ヒコーキ。かんたんに折れてバランス
もよく、飛ばしやすいヒコーキです。

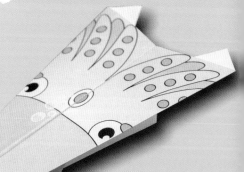

1 はんぶんに　おって
　　もどす

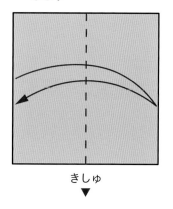

きしゅ
▼

2 まんなかの　せんに
　　あわせて　おる

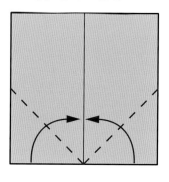

●飛ばしかた●
水平よりほんの少し上に、まっ
すぐ押し出すように投げる。
55 ページの C

3 まんなかの　せんに
　　あわせて　おる

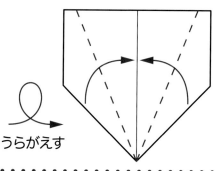

うらがえす

- - - たにおり　　　→ おもてにおる　　- - - - やまおり　　- - ▶ うらにおる　　 おってもどす　 うらがえす

14

4 うらから　めくりだす

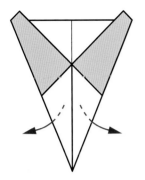

5 ◯を　あわせて　おる

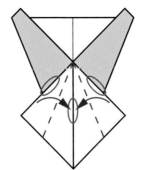

6 ◯の　いちで　おる

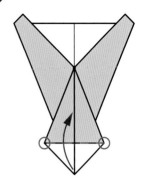

7 うらがわに　はんぶんに　おる

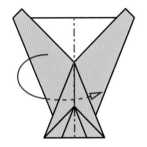

8 ◯を　あわせて　1まいだけ　おる
うらがえして　おなじように　おる

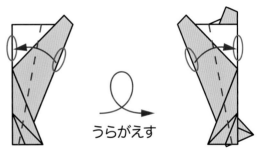

うらがえす

9 3めんずの　かたちに　して　できあがり

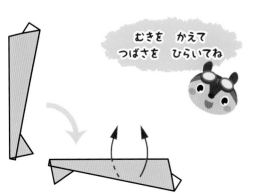

むきを　かえて　つばさを　ひらいてね

3めんず

しょうこうだ
すこし　うえに　ひねる

うえ

ポイント！
つばさは　すこし　うえに
かくどを　つけた　ほうが
いいよ
せんたんの　えんぺらも
つばさに　あわせよう

まえ

よこ

★★
かみきりヒコーキ

いかヒコーキの変形型です。先端部分の折り方を少し変えるだけで、かみきりの形になります。

1 はんぶんに おって
もどす

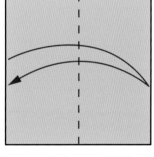

きしゅ
▼

2 まんなかの せんに
あわせて おる

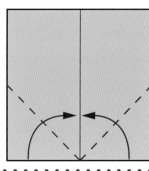

うらがえす

3 まんなかの せんに
あわせて おる

●飛ばしかた●
水平よりほんの少し上に、まっすぐ押し出すように投げる。
55 ページの C

4 うらから めくりだす

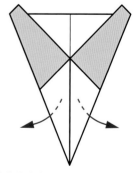

- - - - たにおり　　──▶ おもてにおる　　- - ·- - やまおり　　- - ▶ うらにおる　　おってもどす　　うらがえす

16

5 ○の　いちで　おる

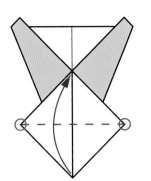

6 ○を　あわせて　おる

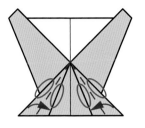

7 ○の　いちで　おる

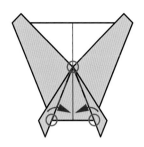

8 うらがわに　はんぶんに
おる

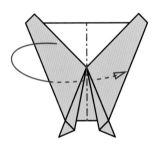

9 ○を　あわせて　1まいだけ　おる
うらがえして　おなじように　おる

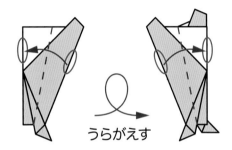

うらがえす

10 3めんずの　かたちに　して
できあがり

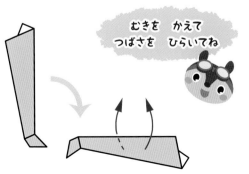

むきを　かえて
つばさを　ひらいてね

3めんず

しょうこうだ　すこし　うえに　ひねる

うえ

まえ

よこ

ポイント!
つばさは　すこし　うえに
かくどを　つけた　ほうが
いいよ
とばす　まえに　おおあご
が　おれまがって
いないか　たしかめよう

17

★★★ くわがたヒコーキ

これもいかヒコーキの変形型です。先端部分をかみきりヒコーキの反対側に折るとくわがたの形になります。

1 はんぶんに おって もどす

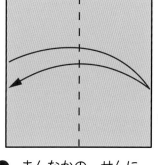

きしゅ
▼

2 まんなかの せんに あわせて おる

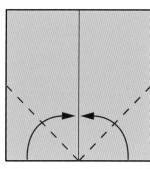

うらがえす

3 まんなかの せんに あわせて おる

●飛ばしかた●
水平よりほんの少し上に、まっすぐ押し出すように投げる。

55 ページの C

4 うらから めくりだす

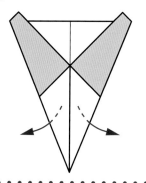

- - - - たにおり　　→ おもてにおる　　- - - - - - やまおり　　- - ▶ うらにおる　　 おってもどす　　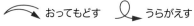 うらがえす

18

5 ○の いちで おる

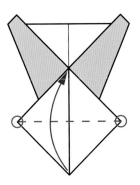

6 ○の いちで おる

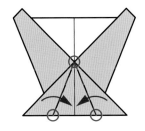

7 ○を あわせて おる

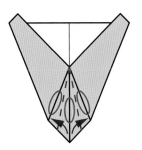

8 ○の いちで おる

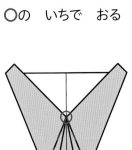

9 うらがわに はんぶんに おる

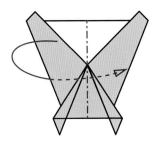

10 ○を あわせて 1まい だけ おる
うらがえして おなじように おる

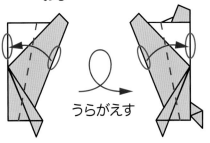

うらがえす

11 3めんずの かたちに して できあがり

むきを かえて つばさを ひらいてね

3めんず

しょうこうだ すこし うえに ひねる

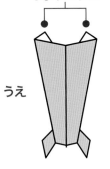

うえ

まえ　　　　　　　　　　　　　よこ

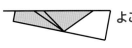

ポイント!
つばさは すこし うえに
かくどを つけた ほうが
いいよ
とばす まえに おおあご
が おれまがって
いないか たしかめよう

19

★★★★★ ヘラクレス

正方形を斜めに折るヒコーキのひとつです。
細長い頭角部をまっすぐに折れると、きれい
に仕上がります。

1 はんぶんに　おって
　もどす

きしゅ ▼

うらがえす

●飛ばしかた●
水平よりほんの少し上に、まっ
すぐ押し出すように投げる。

55 ページの C

2 ◯を　あわせて　おり
　◯の　いちで　かるく
　おって　しるしを　つける

うらがえす

3 ◯を　あわせて　おる

うらがえす

- - - - たにおり　　──▶ おもてにおる　　- - - - - やまおり　　- -▶ うらにおる　　⌒ おってもどす　　♆ うらがえす

20

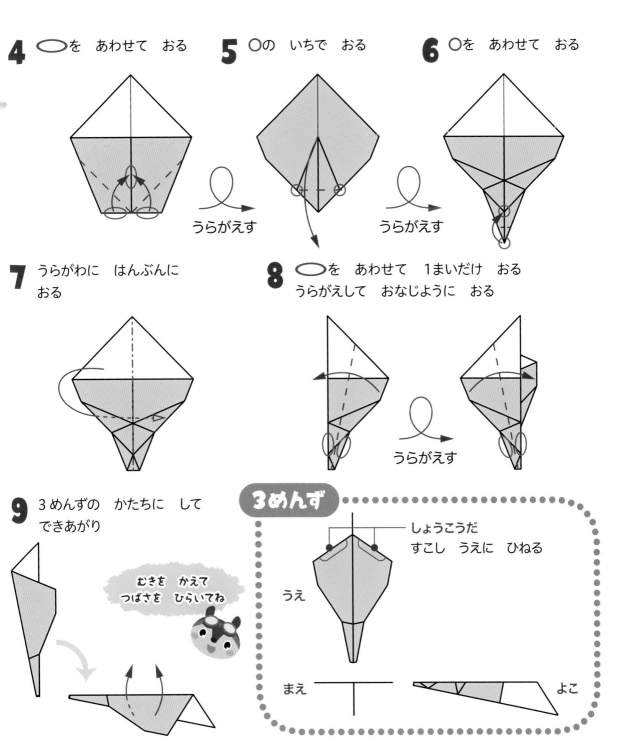

4 ⬭を あわせて おる

5 〇の いちで おる

うらがえす

6 〇を あわせて おる

うらがえす

7 うらがわに はんぶんに おる

8 ⬭を あわせて 1まいだけ おる うらがえして おなじように おる

うらがえす

9 3めんずの かたちに して できあがり

むきを かえて つばさを ひらいてね

3めんず

しょうこうだ すこし うえに ひねる

うえ

まえ

よこ

21

★★
へそヒコーキ

紙ヒコーキと言えばこの形を想像する人が多い
でしょう。長方形の紙で折るヒコーキですが、
正方形の紙でも同じような形がつくれます。

たいくう型

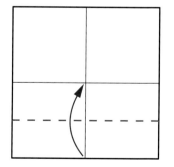

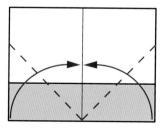

●飛ばしかた●
真上に向かって投げ上げる。
55 ページの D

1 はんぶんに おって
　　もどす

きしゅ
▼

うらがえす

2 まんなかの せんに
　　あわせて おる

3 まんなかの せんに
　　あわせて おる

- - - たにおり　　　→ おもてにおる　　 - - - - - やまおり　 - - ▶ うらにおる　 おってもどす　 うらがえす

22

4 ○を　あわせて　おって　もどす

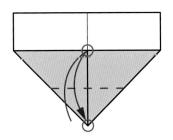

5 ○を　あわせて　おる

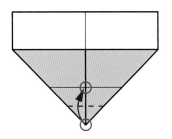

6 うらがわに　はんぶんに　おる

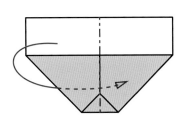

7 ◯を　あわせて　1まいだけ　おる
うらがえして　おなじように　おる

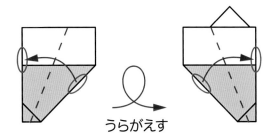

うらがえす

8 3めんずの　かたちに　して
できあがり

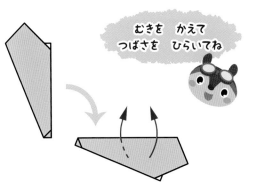

むきを　かえて
つばさを　ひらいてね

3めんず

しょうこうだ　すこし　うえに　ひねる

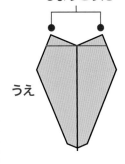

うえ

まえ

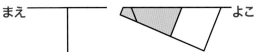

よこ

ポイント!
つばさは　すこし　うえに
かくどを　つけた　ほうが
いいよ
まっすぐに　とぶように
ちょうせい　すれば　とお
くにも　とぶよ

★★★
ベーシッカー

翼が長方形のヒコーキです。
うまく空気をとらえると長く飛びます。
翼がよじれないように折りましょう。

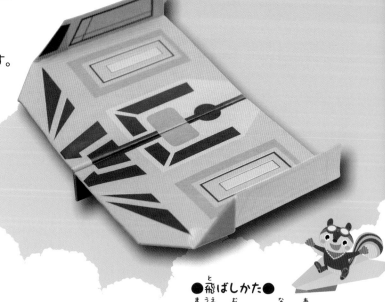

1 はんぶんに おって もどす

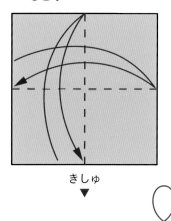

きしゅ
▼

うらがえす

●飛ばしかた●
真上に向かって投げ上げる。

55 ページの D

2 まんなかの せんに あわせて おる

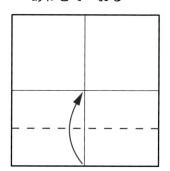

3 1で おった せんに あわせて おる

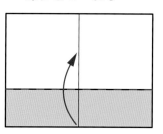

- - - - たにおり　　→ おもてにおる　　-·-·-· やまおり　　- -▷ うらにおる　　⤴ おってもどす　　⟲ うらがえす

24

4 ◯を あわせて おる

5 ◯の いちで おる

6 うらがわに はんぶんに おる

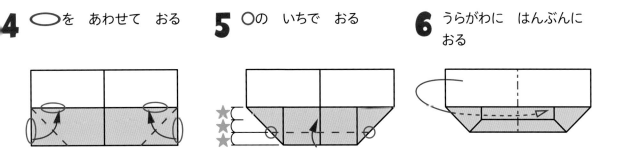

7 ★の はばで 1まいだけ おる
うらがえして おなじように おる

8 ◯の いちで 1まいだけ おる
うらがえして おなじように おる

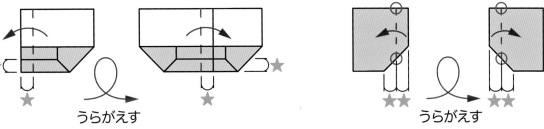

うらがえす

うらがえす

9 3めんずの かたちに して できあがり

むきを かえて つばさを ひらいてね

うらがえす

3めんず

しょうこうだ すこし うえに ひねる

うえ

ポイント!
つばさは すこし うえに
かくどを つけた ほうが
いいよ

まえ

よこ

★★★ ワンダー

へそヒコーキの変形型で、翼の折り方に
特徴があります。飛ばす前に、3面図で
翼の角度をたしかめましょう。

1 はんぶんに おって
もどす

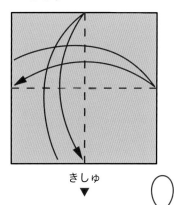

きしゅ
▼

うらがえす

2 まんなかの せんに
あわせて おって
もどす

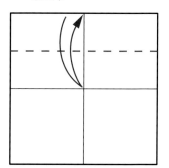

3 2で おった せんに
あわせて おる

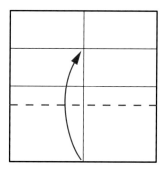

●飛ばしかた●
真上に向かって投げ上げる。
55 ページの D

- - - - たにおり　　➡ おもてにおる　　·-·-·- やまおり　　- ➡ うらにおる　　⤻ おってもどす　　🗘 うらがえす

26

4 ○を あわせて おる

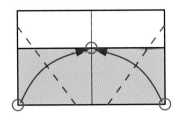

5 ○を あわせて おる

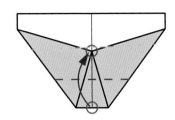

6 うらがわに はんぶんに おる

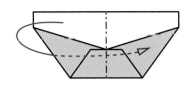

7 ○を あわせて 1まいだけ おる
うらがえして おなじように おる

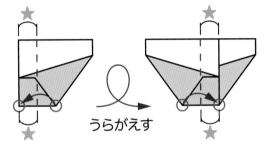

うらがえす

8 ○を あわせて 1まいだけ おる
うらがえして おなじように おる

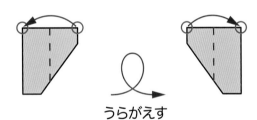

うらがえす

9 3めんずの かたちに して できあがり

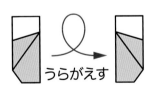

うらがえす

むきを かえて
つばさを ひらいてね

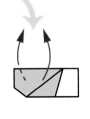

3めんず

しょうこうだ すこし うえに ひねる

うえ

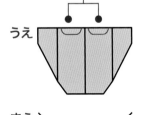

ポイント!
つばさの よじれが ない
ように ちょうせい しよ
う

まえ

よこ

★★★ こがねむし

正方形を斜めに折るヒコーキのひとつです。
斜めに折るヒコーキの中ではかんたんでよく
飛びます。

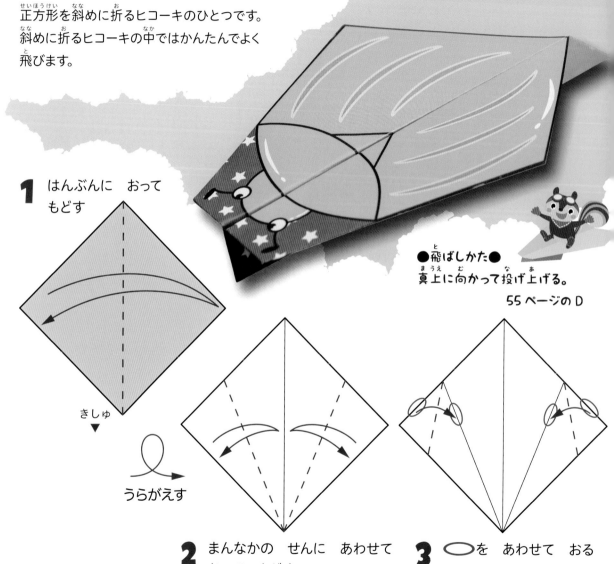

1 はんぶんに おって
もどす

きしゅ ▼

うらがえす

● 飛ばしかた ●
真上に向かって投げ上げる。
55 ページの D

たいくう型

2 まんなかの せんに あわせて
おって もどす

3 ◯を あわせて おる

- - - - たにおり　　　おもてにおる　　- - - - - やまおり　　- - ▶ うらにおる　　　おってもどす　　　うらがえす

28

4 2で おった せんで おる

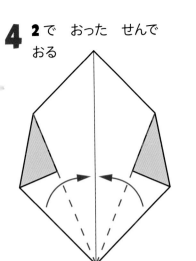

5 ○を あわせて おる

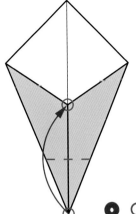

6 ○を あわせて おる

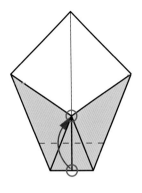

7 うらがわに はんぶんに おる

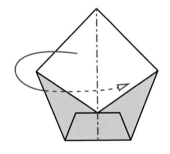

8 ○を あわせて 1まいだけ おる
うらがえして おなじように おる

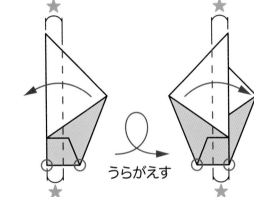

うらがえす

9 3めんずの かたちに して できあがり

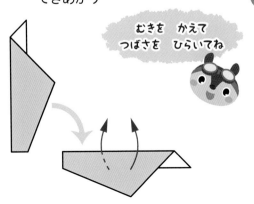

むきを かえて つばさを ひらいてね

3めんず

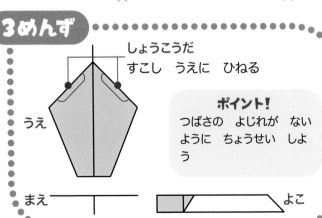

しょうこうだ
すこし うえに ひねる

うえ

ポイント!
つばさの よじれが ない ように ちょうせい しよ う

まえ

よこ

29

★★★ ドラゴン

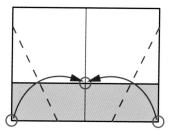

たいくう型

へそヒコーキの変形型で、かんたんに折れる
うえに形もすっきり。飛ばしやすいヒコーキ
です。

1 はんぶんに　おって
もどす

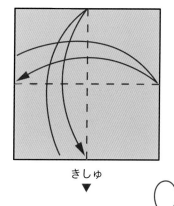

きしゅ
▼

うらがえす

●飛ばしかた●
真上に向かって投げ上げる。
55ページのD

2 まんなかの　せんに
あわせて　おる

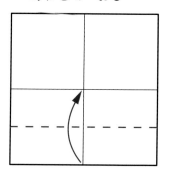

3 ○を　あわせて　おる

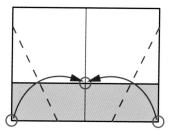

- - - - たにおり　　──▶ おもてにおる　　-·-·-·- やまおり　　- -▶ うらにおる　　おってもどす　　うらがえす

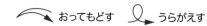

4 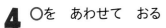 を　あわせて　おる

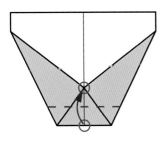

5 うらがわに　はんぶんに　おる

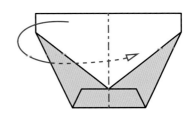

6 ◯を　あわせて　1まいだけ　おる
うらがえして　おなじように　おる

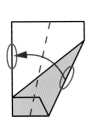

うらがえす

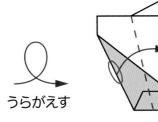

7 3めんずの　かたちに　して　できあがり

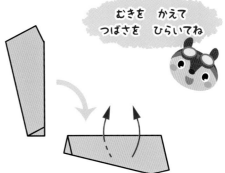

むきを　かえて
つばさを　ひらいてね

3めんず

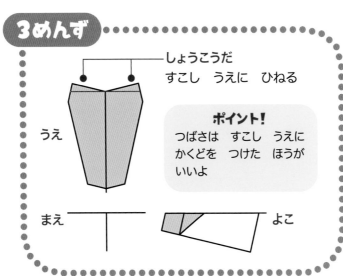

しょうこうだ
すこし　うえに　ひねる

うえ

まえ

よこ

ポイント!
つばさは　すこし　うえに
かくどを　つけた　ほうが
いいよ

31

ムササビ

やりヒコーキとへそヒコーキの中間の形です。距離と滞空のどちらでもよいでしょう。

1 はんぶんに おって もどす

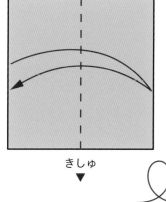

きしゅ ▼

うらがえす

2 ■の かどを ◯に あわせて ◯の いちから おる

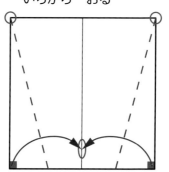

3 ◯の いちで おる

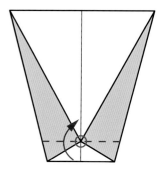

●飛ばしかた●
真上に向かって投げ上げる。

55ページの D

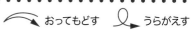
- - - - たにおり　　→ おもてにおる　　-・-・- やまおり　　- -▶ うらにおる　　⤸ おってもどす　　♉ うらがえす

32

4 ⬭を　あわせて　おる

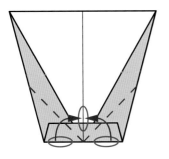

5 ○の　いちで　おる

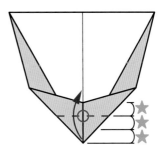

★
★
★

6 うらがわに　はんぶんに　おる

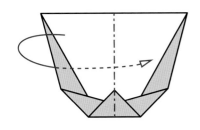

7 ⬭が　■の　かどに　あわさるように
○の　いちから　1まいだけ　おる
うらがえして　おなじように　おる

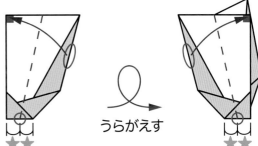

うらがえす

★★　　　　★★

8 3めんずの　かたちに　して
できあがり

むきを　かえて
つばさを　ひらいてね

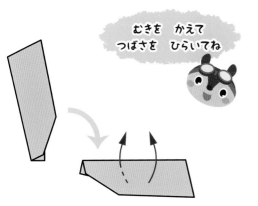

3めんず

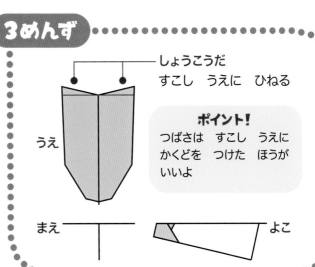

しょうこうだ
すこし　うえに　ひねる

ポイント！
つばさは　すこし　うえに
かくどを　つけた　ほうが
いいよ

うえ

まえ　　　　　　　　　よこ

33

★★★★
このは

正方形を斜めに折るヒコーキのひとつです。折り重なりが多く、きれいに折れない場合は、うすい紙で折ってそっと飛ばすとよいでしょう。

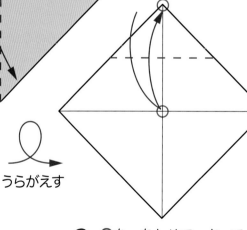

●飛ばしかた●
真上に向かって投げ上げる。

55 ページの D

たいくう型

1 はんぶんに おって
もどす

きしゅ
▼

うらがえす

2 ○を あわせて おって
もどす

3 ○を あわせて おる

- - - - たにおり　　➡ おもてにおる　　- - - - - やまおり　　- -➤ うらにおる　　⌒ おってもどす　　♀ うらがえす

34

4 ○を あわせて おる

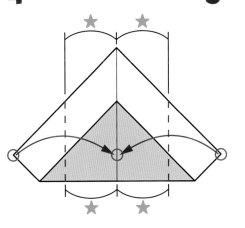

5 ⬭を あわせて おる

6 ○を あわせて おる

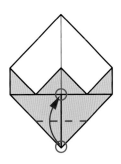

7 うらがわに はんぶんに おる

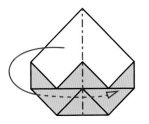

8 ○を あわせて 1まいだけ おる
うらがえして おなじように おる

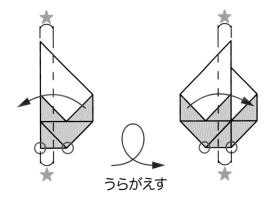

うらがえす

9 3めんずの かたちに して
できあがり

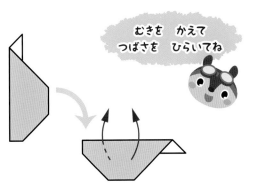

むきを かえて
つばさを ひらいてね

3めんず

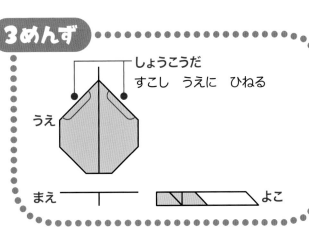

しょうこうだ
すこし うえに ひねる

うえ

まえ

よこ

★★★★★
ビート

へそヒコーキの先端に耳がついた形をしてい
ます。耳の部分の折りが少し難しいですが
チャレンジしてみましょう。

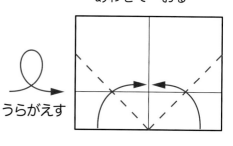

●飛ばしかた●
真上に向かって投げ上げる。
55 ページの D

1 はんぶんに おって
もどす

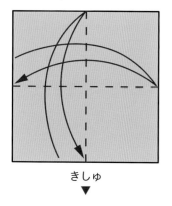

きしゅ
▼

2 まんなかの せんに
あわせて おる

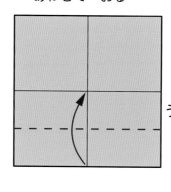

うらがえす

3 まんなかの せんに
あわせて おる

- - - たにおり　　→ おもてにおる　　-・-・- やまおり　　-- ▷ うらにおる　　⤸ おってもどす　　♺ うらがえす

4 ⬭を あわせて おって もどす

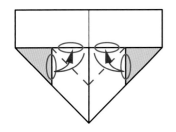

5 4で おった せんを やまおりに ふくろを ひらくように おる

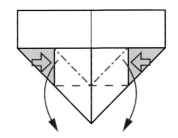

6 ⬭を あわせて おる

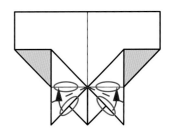

7 ◯の いちで おる

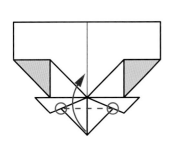

8 うらがわに はんぶんに おる

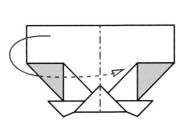

9 ⬭を あわせて 1まいだけ おる うらがえして おなじように おる

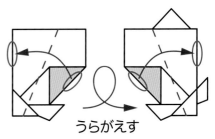

うらがえす

10 3めんずの かたちに して できあがり

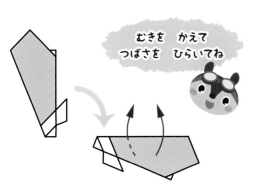

むきを かえて つばさを ひらいてね

3めんず

しょうこうだ
すこし うえに ひねる

うえ

ポイント!
つばさは すこし うえに かくどを つけた ほうが いいよ

まえ

よこ

37

★★★★★
すいぎゅう

途中までの折りはビートと同じですが、
いったん紙を全部開いて、角になる
ところの折りが難しく
なっています。

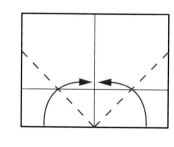

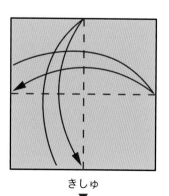

つのを みみに したら
わんこヒコーキに
なるよ！

●飛ばしかた●
真上に向かって投げ上げる。
55 ページの D

1 はんぶんに おって
もどす

きしゅ
▼

2 まんなかの せんに
あわせて おる

うらがえす

3 まんなかの せんに
あわせて おる

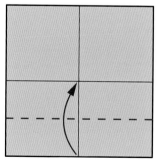

- - - - たにおり　　━━▶ おもてにおる　　- - - - - - やまおり　　- - ▶ うらにおる　　　おってもどす　　うらがえす

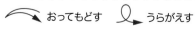

4 ◯を あわせて おって もどし ぜんぶ ひらく

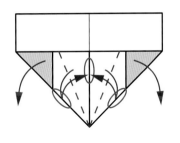

5 ⓐを たにおりに ⓘを やまおりに しながら ⓤを たにおりに する

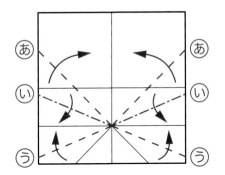

6 ◯の いちで おる

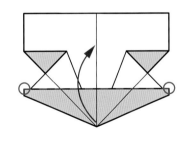

7 うらがわに はんぶんに おる

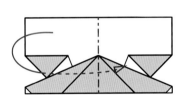

8 ◯を あわせて 1まいだけ おる うらがえして おなじように おる

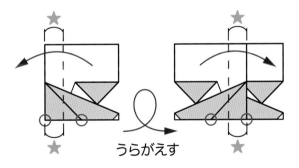

うらがえす

9 3めんずの かたちに して できあがり

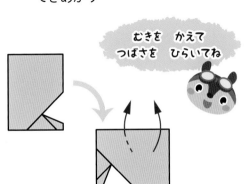

むきを かえて つばさを ひらいてね

3めんず

しょうこうだ すこし うえに ひねる

うえ

まえ

よこ

ポイント!
つのが まがらない ように ちょうせい しよう

★★ かみコプター

2枚のプロペラがくるくる回りながら降りてい
きます。まるでヘリコプターみたいなので
紙コプター。プロペラの切り込み位置に
注意しましょう。

1枚のおり紙で
4つ作れます。

1 はんぶんに おって
さらに はんぶんに
おって ぜんぶ
ひらく

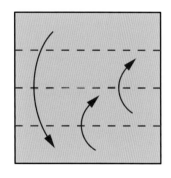

2 おった せんで きる

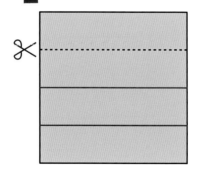

3 はんぶんに おって
もどす

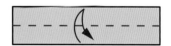

4 ★が おなじ はばに
なる ように
おって もどす

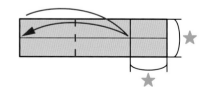

●飛ばしかた●
親指・人さし指・中指で2枚の
プロペラをはさんで持ち、高いと
ころから指を開いて離す。
61ページの4

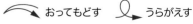
- - - たにおり　　→ おもてにおる　　- - - やまおり　　- - → うらにおる　　おってもどす　　うらがえす

5 ○の　いちで　おる

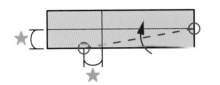

うらがえす

6 ○の　いちで　おる

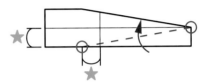

7 ○の　いちで　おる

うらがえす

8 7と　おなじように　おって　うらがえし
さきが　とがるまで　おる

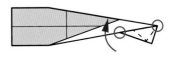

9 ★の　はばぐらいの　いちで　おる

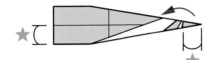

10 ○の　いちまで　きり
3めんずの　かたちに　して
できあがり

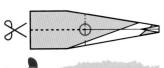

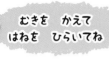
むきを　かえて
はねを　ひらいてね

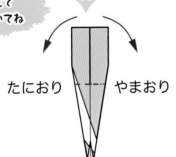

たにおり　　やまおり

3めんず

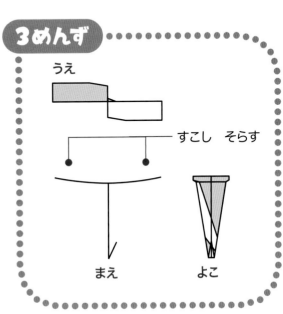

うえ

すこし　そらす

まえ　　よこ

41

★★★★
りったいカメむし

あのくさいカメ虫をイメージしました。飛ばし方にコツがあるので、かっこよく投げられるように練習しましょう。

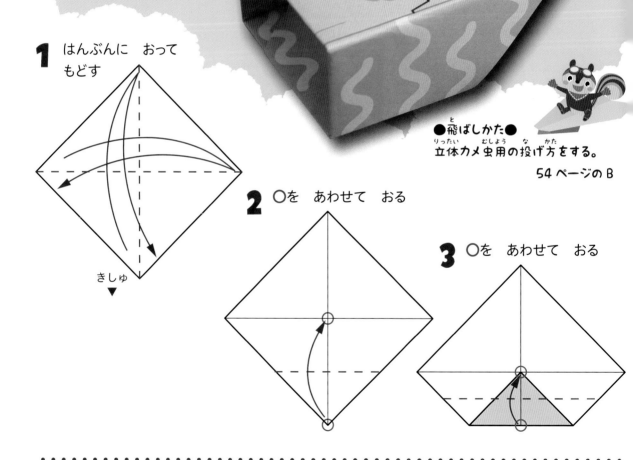

●飛ばしかた●
立体カメ虫用の投げ方をする。
54ページのB

1 はんぶんに　おって　もどす

きしゅ
▼

2 ○を　あわせて　おる

3 ○を　あわせて　おる

- - - - たにおり　　━━▶ おもてにおる　　·-·-·-·- やまおり　　‒ ‒ ‒▶ うらにおる　　⌒ おってもどす　　𝓆 うらがえす

42

4 ○を　あわせて　おる

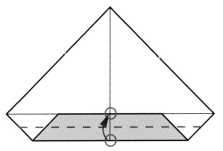

5 ○の　いちで　おる

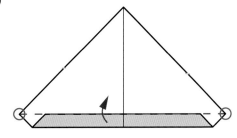

6 ○の　いちで　おる

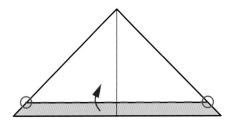

7 ○を　あわせて
おって　もどす

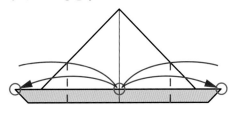

8 ◯を　あわせて
おって　もどす

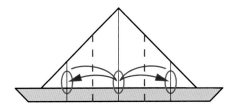

9 **7**と　**8**で　おった　せんで
しかくに　なるように　おる

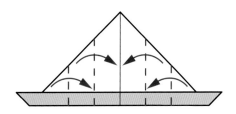

10 おくまで　さしこんで　３めんずの
かたちに　して　できあがり

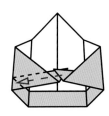

3めんず

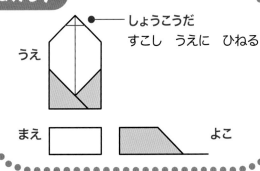

しょうこうだ
すこし　うえに　ひねる

うえ

まえ　　　　　　　　　　　　　　　　　よこ

★★★★
つばめ

つばめをイメージしました。鳥形（とりがた）の
おり紙（がみ）ヒコーキの中（なか）ではいちばん
かんたんに折（お）れます。そっと飛（と）ば
すときれいに滑空（かっくう）します。

1 はんぶんに　おって
もどす

きしゅ
▼

●飛（と）ばしかた●
水平（すいへい）よりほんの少（すこ）し下（した）に向（む）けて
そっと投（な）げる。

54 ページの A

そっと　とばすと
きれいに
かっくう　するよ

2 ○を　あわせて　おる

3 ○の　いちで　おる

- - - - たにおり　　——▶ おもてにおる　　·-·-·- やまおり　　- -▶ うらにおる　　おってもどす　　うらがえす

4 ⬭を ◯に あわせて おる

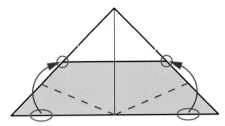

5 ◯を あわせて おって もどす

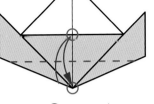

6 ◯を あわせて おる

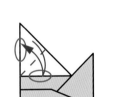

7 ◯の いちで おる

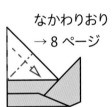

8 うらがわに はんぶんに おる

9 ⬭を あわせて おって もどし なかわりおりに する

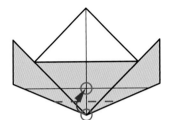

なかわりおり → 8ページ

10 ◯の いちで 1まいだけ おる うらがえして おなじように おる

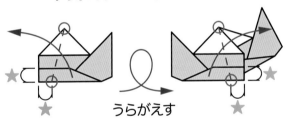

うらがえす

11 3めんずの かたちに して できあがり

むきを かえて つばさを ひらいてね

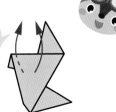

3めんず

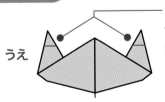

しょうこうだ すこし うえに ひねる

うえ

まえ

よこ

★★★★★ ダブルウイング

翼が上下２段についた紙ヒコーキです。
そっと飛ばすときれいに滑空します。翼
が直角に立つように整えましょう。

1 はんぶんに　おって
もどす

きしゅ ▼

うらがえす

2 まんなかの　せんに
あわせて　おって
もどす

●飛ばしかた●
水平よりほんの少し下に向けて
そっと投げる。

54 ページの A

3 ○を　あわせて　おる

- - - たにおり　━━▶ おもてにおる　━━━ やまおり　- -▶ うらにおる　おってもどす　うらがえす

4 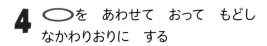 ○を　あわせて　おって　もどし
なかわりおりに　する

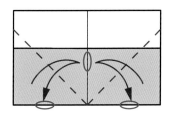 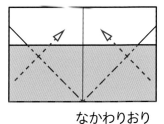

なかわりおり
→ 8 ページ

5 ○を　あわせて
おって　もどす

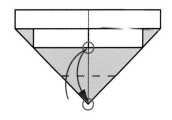

6 うらがわに　はんぶんに　おる

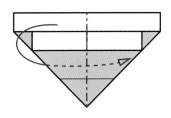

7 ○を　あわせて
おって　もどす

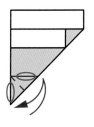

8 うえの　2まいを　ふくろを　ひらく
ようにして　○を　あわせて　おる

むずかしい　ところを
かくだい　したよ

9 ○の　いちで　おる

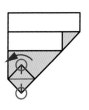

つぎのページへつづく

10 ○の　いちで　うらがわに　おる

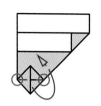

11 ○の　いちで　うえの　2まいを　おる
うらがえして　おなじように　おる

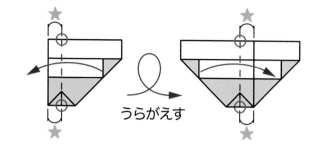

うらがえす

12 ○の　いちで　うえの　1まいだけ　おる
うらがえして　おなじように　おる

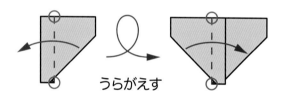

うらがえす

13 ○の　いちで　1まいだけ　おる
うらがえして　おなじように　おる

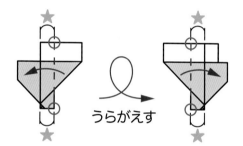

うらがえす

14 3めんずの　かたちに　して
できあがり

むきを　かえて
つばさを　ひらいてね

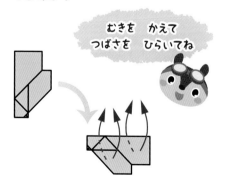

3めんず

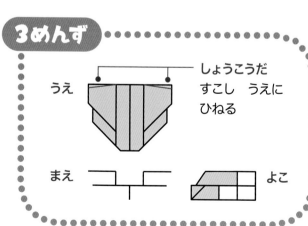

うえ

しょうこうだ
すこし　うえに
ひねる

まえ　　　　　よこ

- - - - たにおり　　──▶ おもてにおる　　- - - - - やまおり　　- -▶ うらにおる　　おってもどす　　うらがえす

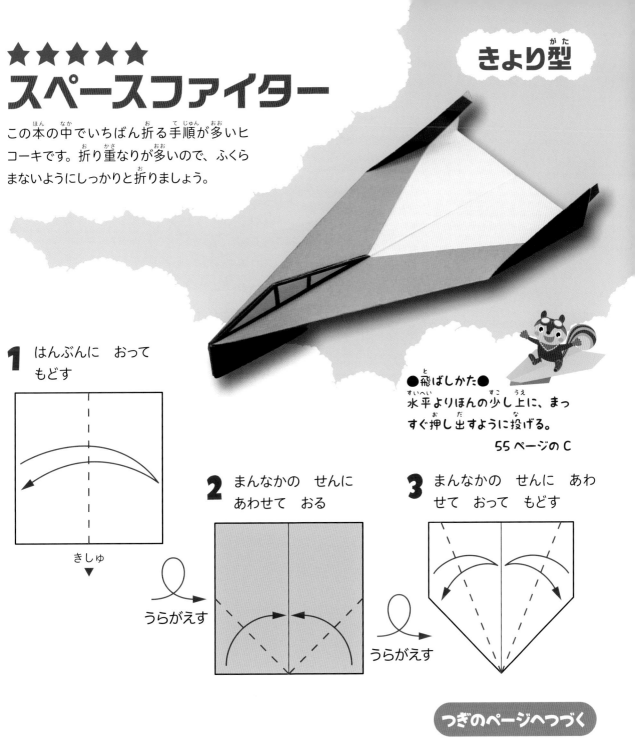

★★★★★
スペースファイター

きょり型

この本の中でいちばん折る手順が多いヒコーキです。折り重なりが多いので、ふくらまないようにしっかりと折りましょう。

1 はんぶんに おって
もどす

きしゅ

●飛ばしかた●
水平よりほんの少し上に、まっすぐ押し出すように投げる。
55ページのC

うらがえす

2 まんなかの せんに
あわせて おる

うらがえす

3 まんなかの せんに あわ
せて おって もどす

つぎのページへつづく

49

4 ⬭を あわせて おる

5 **3**で おった せんでおる

6 うらから めくりだす

7 ■の かどを ⬭に あわせて
〇の いちから おる

8 ⬭を あわせて おる

9 〇を あわせて
おって もどす

うらがえす

10 **9**で おった
せんでおる

11 うらがわへ
はんぶんに おる

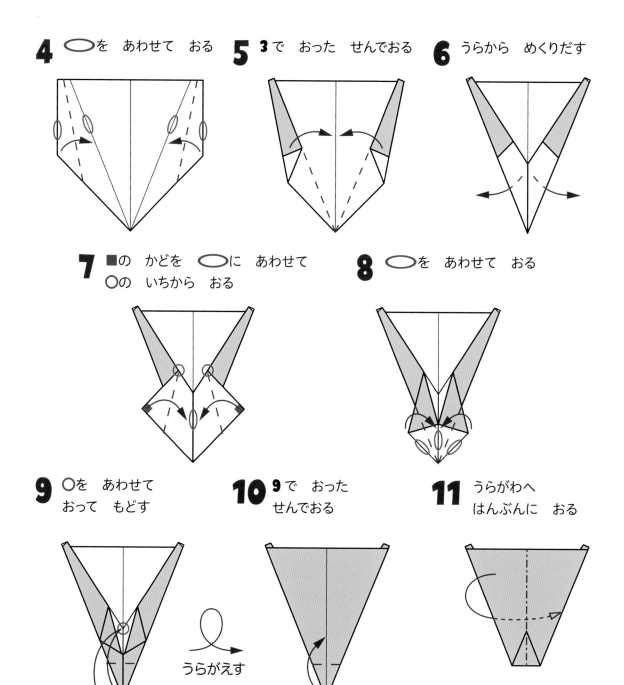

12
○の いちで 1まいだけ おる
うらがえして おなじように おる

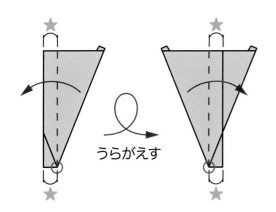

うらがえす

13
○の いちで 1まいだけ おる
うらがえして おなじように おる

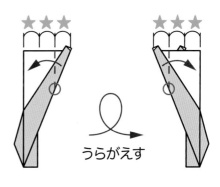

うらがえす

14
3めんずの かたちに して
できあがり

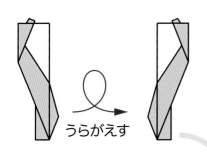

うらがえす

3めんず

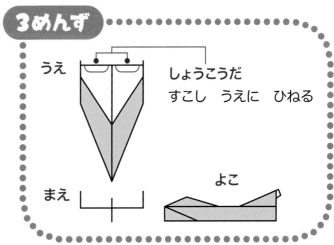

うえ

しょうこうだ
すこし うえに ひねる

まえ

よこ

むきを かえて
つばさを ひらいてね

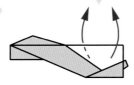

さぁ、飛ばそう！
ザ・調整

ヒコーキが上手に折れても、それだけでは飛ばないよ。まずは、ヒコーキを調整しよう！

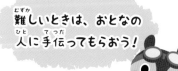

難しいときは、おとなの人に手伝ってもらおう！

1：ヒコーキを整える

まずは、折り図にある3面図のように、ヒコーキを整える。

2：ヒコーキのよじれを直す

ヒコーキの正面から見て、翼に大きなよじれがないかチェックする。よじれやふくらみがあったら、机の端にのせ、定規でこすって直そう。

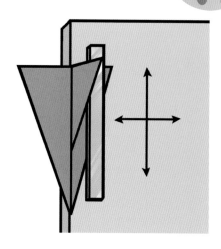

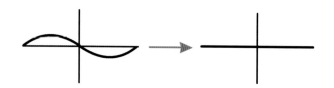

3：昇降舵をつける

ヒコーキをよく飛ばすためのとても大事なポイント！　翼の後ろの部分に爪を立てながら、5mmくらい上にひねり上げる。

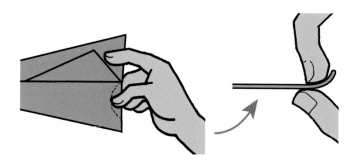

4：昇降舵のチェック

棒をまっすぐ押し出すようなイメージで、少し下向きにそっと投げてみよう。

①のように、まっすぐスーッと飛べば OK!

②のように、上に上がって降りていくときは、ひねりすぎ。

③のように、ストンと落ちてしまうときは、もう少しひねり上げて OK!

5：左右に曲がるとき

ヒコーキは、昇降舵が上がりすぎている方向に曲がる。このときも昇降舵をひねって調整しよう。

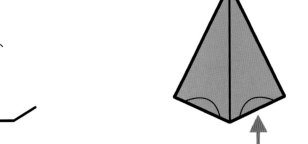

右に曲がる

上がりすぎ

さぁ、飛ばそう！
ザ・名人投げ

名人が教えるよく飛ぶ投げ方をマスターしよう！

A. そっと飛ばすには
（デザイン型ヒコーキ）

顔の前から、水平より少し下向きにそっと投げる。テスト飛行や室内でのあそびに、また、投げる力が弱い人にも向いている投げ方。

B. 立体カメ虫を飛ばすには

親指を外に、人さし指と中指を中に入れて口を持って構え、野球ボールのようにふりかぶってスナップをかえして投げる。投げるとくるっと反転して、はばの広い方が下になって飛んでいく。

箱のように持って、まっすぐ押し出すようにそっと投げても飛ぶよ。

C. 遠くへ飛ばすには
（距離型ヒコーキ）

自然にやや上向きにかまえ、棒をまっすぐ放り投げるイメージで、まっすぐに思いきり送り出そう。

D. 長い時間飛ばすには
（滞空型ヒコーキ）

少し体を沈め、ほぼ真上に向けて、できるだけ高く投げ上げる。手首のスナップは使わず、棒を投げるように押し出そう。

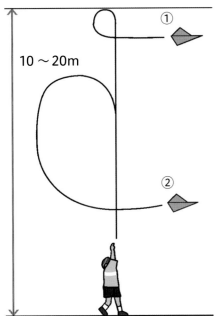

10〜20m

①

②

①のように 10〜20m の上空で反転して飛行に移れば成功。

②のように大きく反転して投げた位置まで急降下するのは失敗。そのときは昇降舵のひねりを下げる。

もっとおり紙ヒコーキ！
デコレーション編

デコアイデア：吉田未希子

ヒコーキに、模様や絵を描いたり、
シールを貼ってみよう！

デコレーションのルール

描くとき：油性ペン（アルコール系）や色鉛筆を使おう！
広い範囲は塗らない、やさしく描くのがポイント！

シールを貼るとき：機体のまん中より前に、左右同じ
に貼ろう！　シールの模様は、貼る前に描こう！

カッコイイ、かわいい....
模様でデコレーション！

シールは切って
使ってもOK！

好きな模様や絵を描いたり、
シールを貼ってみよう！　平ら
な状態にすると描きやすいよ。

おり紙の色とペンの
色の組み合わせを
考えよう！

銀のシールを油性ペンで
塗れば、メタリックカラー
に仕上がるよ

回転すると色や模様が
変化するよ！　どんな組
み合わせがいいかな？

見立ててデコレーション!

動物、昆虫、ロボット…

まずは、形が特徴的な
ヒコーキから
見立ててみよう!

ヒコーキの形を生かして、
いろんなものに見立ててみ
よう! みんなはどんなも
のに見えるかな?

おり紙の表と裏
をうまく使おう

イベントでデコレーション!

ハロウィン、クリスマス、バレンタイン…

あそび編で紹介している
メーヴェ吹雪もイベント
で使えるよ!

バレンタインイベント
では、ハートを飛ば
しちゃおう!

イベントに合わせたヒコーキも
おもしろいね。
大切なイベントにはメッセージ
をのせて飛ばしてみよう!

イベントをイメージ
させる色を使おう

濃い色のおり紙には
シールで目を貼ろう

もっとおり紙ヒコーキ！
あそび編

紙ヒコーキを使って、いろんな
あそびにチャレンジしてみよう。

1: メーヴェ吹雪

たくさんのメーヴェを入れたくす玉を高く投げ上げると、
くす玉が空中で割れて、メーヴェが紙吹雪のように舞い
ます。対角線で半分に切ったおりで作るよ！

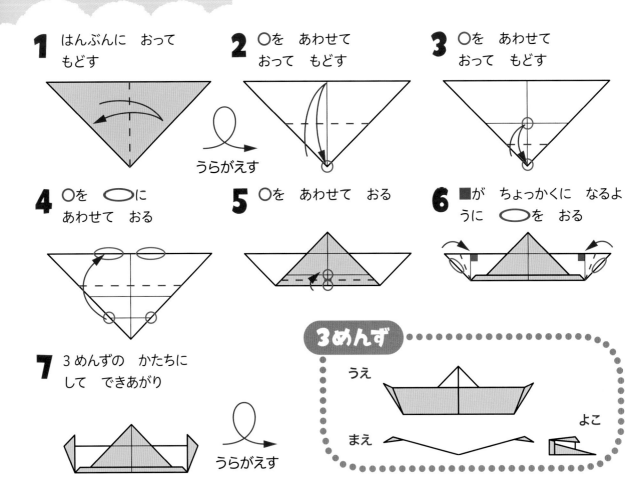

1 はんぶんに おって
もどす

うらがえす

2 ○を あわせて
おって もどす

3 ○を あわせて
おって もどす

4 ○を ○に
あわせて おる

5 ○を あわせて おる

6 ■が ちょっかくに なるよ
うに ○を おる

7 3めんずの かたちに
して できあがり

うらがえす

3めんず

うえ

まえ

よこ

58

くす玉の作り方

紙皿2枚（22cm くらい／ふちが平らな
もの）たこ糸　ゴムひも　目打ち

1 紙皿2枚のふちに
穴をあけ、たこ糸
で結ぶ。

2 穴をあけ、ゴムひ
もを結ぶ。

4 ゴムひもを結んだ紙皿でふたをした
ら、ゴムひもを伸ばしながらグルグ
ルと巻く。（ゴムどうしが重ならない
ようにまんべなく）

3 重ならないようにメーヴェを
たくさん入れる。

くす玉の投げ方

低く投げるときは少なめ、
高く投げるときは多めに
巻いてね

ゴムひもの端をしっか
り握り、紙皿のふちを
つまんで持つ。

くす玉を下げて
しゃがむ。

腕をのばし、立ち上がりながら真上に腕を振り上げ
るように投げる。

59

2: 紙ヒコーキキャッチボール

ボールの代わりに紙ヒコーキをキャッチしあおう。
まっすぐ飛ぶようにヒコーキの調整を忘れずに！

落とさずに何回
できるかな？

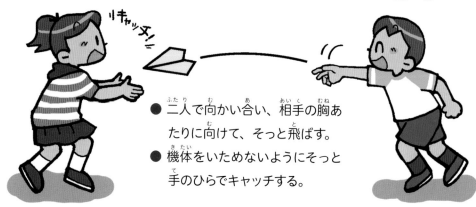

● 二人で向かい合い、相手の胸あ
たりに向けて、そっと飛ばす。
● 機体をいためないようにそっと
手のひらでキャッチする。

3: 的入れゲーム

いろんなサイズの穴をあけた的をつくり、
ヒコーキを穴に通すゲームだよ。
ゲームのあそび方はいろいろ！
● 的までの距離で点数を決めて競う。
● 穴のサイズで点数を決めて競う。
● 最初に誰が穴に通せるか競う。
● 穴に通せた回数を競う。
他にも、どんなあそび方ができるかオリジナル
のルールを考えて楽しもう。

4: 紙コプターキャッチ

40 ページで作った紙コプターを高いところから
落として、紙コップや箱でキャッチしよう。

● 親指・人さし指・中指でプロペラ
部分をはさむように持つ。

落とす人とキャッチ
する人を交代しながら
あそぼう

あそぶときは

人の多いところであそばない

火の近くで飛ばさない

道路の近くであそばない

もっとおり紙ヒコーキ！
あそびに行こう編

紙ヒコーキ博物館

2001年にオープンした日本で唯一の紙ヒコーキ専門博物館。戸田館長自作ヒコーキ数百機と、全国や海外のヒコーキ作家から寄せられたオリジナル作品などを展示。ほかにも風洞実験装置で翼にかかる風の影響や揚力が発生するしくみなどを実体験できます。指導員による折り方指導を行っています。ぜひ、あそびに来てください。

住所：〒720-0004　広島県福山市御幸町中津原1396番地
電話・FAX：084-961-0665　メール：info@oriplane.com
入場料：100円（3歳以上一律料金）
開館日：毎週土曜日13時〜16時（平日・日曜祝日の入館希望については、事前にメールまたは電話でご相談ください）

とよまつ紙ヒコーキ・タワー

2003年完成。展望台を持つ世界初の紙ヒコーキ専門タワー。1階では紙ヒコーキ教室が開かれ、2階展望室からは、自作の紙ヒコーキを飛ばせます。定期的に紙ヒコーキ全国大会や世界大会を開く予定。

住所：〒720-1704　広島県神石郡神石高原町下豊松381
　　　米見山山頂
電話：0847-84-2000
入場料：300円（小学生以上）　専用エコ用紙5枚付き
開館日：火・木・土・日・祝日（12〜2月は休館）
4〜9月は10時〜18時　　10・11・3月は10時〜17時
GW、夏休み（7月下旬〜8月末）は無休

折り紙ヒコーキ協会

1995年設立。正式な競技ルールに基づいた競技会や教室を開催するとともに、講演も行っています。イベントほか様々な情報が得られます。
【ホームページ】　http://www.oriplane.com/

本書は 2020 年 5 月小社より刊行されたものの図書館版です。

戸田拓夫（とだたくお）

1956 年、広島県福山市生まれ。
高校時代は剣道で活躍（2 段）。早稲田大学中退、在学中に登山活動で
体調を崩し入院したのを機におり紙ヒコーキの開発を始める。立体おり
紙ヒコーキなど開発した機種は 800 以上にのぼる。
広島県神石高原町に紙ヒコーキタワー建設を提唱、2003 年完成。

● 現在
精密鋳造会社キャステムグループ6社（社員総数 1200 名）の社長を務める。
折り紙ヒコーキ協会会長。紙ヒコーキ博物館館長。

折り図●戸田拓夫／折り紙ヒコーキ協会／（協力）吉田未希子
協　力●藤原宣明（折り紙ヒコーキ協会）
撮　影●赤司聡
イラスト●桜木恵美／吉田未希子
本文デザイン●吉田未希子

【図書館版】ザ・10 回折り　おり紙ヒコーキ

2020 年 5 月 5 日　第 1 刷発行
2020 年 8 月 8 日　第 2 刷発行

著　者●戸田拓夫 ©
発行人●新沼光太郎
発行所●株式会社いかだ社
〒102-0072 東京都千代田区飯田橋 2-4-10 加島ビル
Tel.03-3234-5365　Fax.03-3234-5308
E-mail info@ikadasha.jp
ホームページ URL http://www.ikadasha.jp/
振替・00130-2-572993

印刷・製本　モリモト印刷株式会社

乱丁・落丁の場合はお取り換えいたします。
Printed in Japan
ISBN978-4-87051-539-0

もっと作りたい人へ！
戸田拓夫のおり紙ヒコーキの本

★世界記録機ゼロファイター収録
キッズおり紙ヒコーキ
滞空型

長くよく飛ぶ 20 機

いつまでも長く飛ばそう。滞空タイプの改良型・新機種を多く集めました。

★日本記録機へそキング収録
キッズおり紙ヒコーキ
距離型

遠くまで飛ぶ 20 機

まっすぐどこまでも飛ばそう。人気の高い距離型ヒコーキの改良型・新機種が続々登場。

★ロケットから飛ばすうちゅう扇収録
ボリュームアップ版 ## おり紙ヒコーキ
大集合 BOOK

超飛び 26 機＋うちゅう扇

折りのやさしい機を中心に、さまざまなタイプの 27 機を収めたバラエティ豊かな本。

★ Origami Paper Airplane
【英訳付】 ## おり紙ヒコーキ
大集合 BOOK

超飛び 26 機

英語・日本語（ふりがな付）を併記。海外へのお土産にも大人気です。